누리장나무는 누리다

심의표 시집

들꽃시선 83

누리장나무는 누리다

심의표 시집

들꽃

| 자서 |

산업사회가 고도로 발전해 갈수록 인간은 물질적으로는 풍요로운 삶을 향유할 수 있지만 반면에 정신적으로는 빈곤함이 더해가고 있어 갈수록 사회는 삭막하고 정서는 극도로 메말라 사회 일각에서는 소외감마저 느끼면서 살아가야하는 안타까운 현실을 경험하면서 이를 형상화하여 순수 서정시를 중심으로 첫 시집 '섬은 바다에 누워' 를 펴낸 바 있다.

그리고 최근 우리 주변에서 일어나고 있는 인명경시 풍조를 눈여겨보면서 평소 삶의 현장에서 모은 체험 시와 생명의 봄을 소재로 한 작품을 중심으로 존중되어야 할 생명의식을 깨우고 주어진 분수 좇아 환경에 순응하며 순수하고 소박하게 살아가는 풀꽃들의 슬기롭고 아름다운 삶의 이야기를 담아 생명의 존엄성과 심미적 심성계발의 필요성을 의식하면서 몇 편의 기행시를 곁들여 제2시집 " 미완성 풍경화 '를 펴낸바 있다.

이번에는 많은 어려움을 극복하고 미래지향적으로 자연에 순응하며 진솔하게 살아가는 생물들의 삶을 소재로 제3시집 『누리장나무는 누리다』를 펴내기로 하였다.

나름대로는 온 힘을 다해 엮어 보았지만 다소 미흡한 점이 있더라도 이해하여 주시길 바란다.

또한 바쁘신데도 불구하시고 귀한 시간 내시어 작품을 읽어 주시고 평설까지 붙여 주신 이수화시인님께 감사의 말씀 드린다.

끝으로 독자 여러분의 보다 너그럽고 애정어린 격려 있어 주실 것으로 기대하며 항상 아껴 주심에 대하여 재삼 감사 드린다.

2006년 겨울에

저자 심 의 표

누리장 나무는 누리다

차례

자서 / 4

묶음 하나 : 찔레꽃 연가

패랭이꽃 타령 / 14
봄맞이꽃을 보며 / 15
참나리 연가 / 16
조팝나무 향기로 산다 / 18
상사화 연가 / 19
찔레꽃 연가 / 20
목련이 필 때면 / 21
사과꽃 향기 / 22
고향꽃 소식 / 23
선운산 동백꽃 / 24
바래봉 철쭉 / 25
깽깽이 풀꽃 / 26
결명자 꽃을 보며 / 27

묶음 둘 : 달리는 고향열차

기다림 · 4 / 30
연가 · 5 / 31
냉초 옆에 놓고 / 32
이사를 앞두고 / 33
그리움 · 3 / 34
함박눈 내리면 · 1 / 35
만남 · 3 / 36
떠나지 않는 것은 미련이다 / 38
촛불을 보며 / 39
우렁쉥이의 삶을 보며 · 1 / 40
달리는 고향열차 · 1 / 41
겨울 연가 / 42
의암사를 찾아서 · 1 / 44

묶음 셋 : 오솔길을 걸으며

가을 풍경 속으로 / 46
삶의 여백을 위하여 / 47
어느 무덤가에서 / 48
세월의 강 건너며 · 1 / 49
등대지기처럼 / 50
내 여정은 어디쯤에 / 51
가을 사색 / 52
한 그루 고목처럼 / 53
사진 이야기 / 54
내일을 가꾸며 / 56
오색무지개를 보며 / 58
오솔길을 걸으며 / 59

묶음 넷 : 개구리는 울지 않는다

부평초의 삶 · 1 / 62
불개미의 철학 / 63
겨우살이의 삶 / 64
누리장나무는 누리다 / 65
화려한 외출 / 67
북녘땅을 바라보며 / 68
흔들리는 것들 / 69
허수아비의 일상 / 70
빈 집, 빈 자리 / 72
생명의 신호등 / 73
개구리는 울지 않는다 / 74
법수놀이 / 75

묶음 다섯 : 억새꽃 축제

가고 싶은 청량산 · 1 / 78
가고 싶은 청량산 · 2 / 79
억새꽃 축제 / 80
월악산을 다녀와서/ 81
천성산에 가면 / 82
관악산 벤치에서 / 84
낙산사 산불을 보며 / 85
설악산 새벽산행 / 87
유명산을 오르며 / 89
재인폭포에서 / 90
주왕산 찬가 · 1 / 92
주왕산 찬가 · 2 / 93

누리장 나무는 누리다

묶음 여섯 : 스페인 광장에서

콜로세움에서 / 96
샹제리제 거리에서 / 97
개선문을 드나들며 / 98
몽마르트 언덕 / 99
카타콤베에서 / 100
스페인 광장에서 / 101
베네치아 광장을 거닐며 / 102
오르쉐 미술관 / 103
트레비 분수에서 / 104
포로로마노에서 / 105
브베에서 / 106
대영박물관을 둘러보며 / 107
요크에서의 감회 / 108
니스는 말한다 / 109
레만호숫가에 앉아 / 110

■작품해설 | 이수화
심의표 詩의 老莊주의 포에지/ 112

묶음 하나

찔레꽃 연가

패랭이꽃 타령

듣기만 해도 친근하고 다정하며
간직하고 싶은 화심
살며시 마음열고 미소 지어 반겨준다.

밀생의 줄기 곱게 세우고
여러 갈래로 나누어 번성 꿈꾸며

날카롭진 않아도 뾰족한 대 생의 잎
피침 형 선형 이루고

줄기 끝에 진분홍 꽃잎 곱게 피워
길손의 메마른 정 깨우며
뜨거운 사랑의 가슴 열게 한다.

봄맞이꽃을 보며

햇살도 눈부신 사오월
온 누리 가득
봄을 열라고 재촉하고

반원형 잎자루
연녹색 다세포성 깃털 달고
줄기 끝에 10여 송이
산형화서의 하얀 꽃 피운다.

트럼펫 모양의 화관
가녀린 듯해도 강하고
앙증스럽기 이를 데 없는 꽃송이

낯익은 어느 한 여인에게서
느껴지는 우정처럼
친근하고 포근한 봄맞이꽃

참나리 연가

자갈색 기둥모양 줄기
하얀 양털 옷 곱게 가꾸어 입고

잎자루 없이 호생의 잎새
비스듬히 벌어지며
잎겨드랑이마다
둥근 모양 육아 달았구나.

줄기 끝 황적색 10개의 꽃송이
검은 자색의 점
연지곤지 찍어 바르고

칠팔월 산기슭에 화사한 꽃피워
지나가는 행인의 발길
멈춰 서게 하고

여섯 개 수술 길게 늘여
검붉은 꽃 밥 긴 난형으로 감싸며

삭과의 열매 맺는다.

* 나리꽃 : 털중나리, 땅나리, 솔나리, 흰솔나리, 하늘나리, 말나리, 누른하늘나리, 섬말나리, 중나리, 날개하늘나리, 개말나리, 참나리 등 다양한 종류가 있음.

조팝나무 향기로 산다

양지바른 산기슭 논밭 둑 어디서나
탓함 없이 살아가는 낙엽관목
날씬한 몸매 가꾸고

가지마다 끝이 뾰족한 타원형
호생의 잎 새 촘촘히 달았구나.

하얀 꽃 다섯 송이
산형화서로 잎겨드랑이에 들러붙고

다섯 장의 꽃잎
오월 곱게 열어가며
싱그러운 화심으로 마음 깨우고

눈부시도록 해맑은 꽃송이
은은하게 피어오르는 향기로 산다.

상사화 연가

둥근 비늘줄기 갈색의 바깥껍질
총생의 잎
수염뿌리 뻗어 살아가는 다년초

여섯 장의 화피
수술보다 긴 암술대 구부려 달고

긴 줄기 짧은 자루 끝에 매달린 꽃송이
사랑하는 임을 향해
한 방향으로만 자세 바로 세웠다.

내 고향 뒷동산 화산기슭
8월의 처녀성 곱게 수 놓아줄 상사화

찔레꽃 연가

짙푸른 솔숲 사이 달리는 춘심
게으른 뻐꾸기 울어 시샘 해도

수줍은 듯 뽀얀 얼굴
산기슭 한 자락 깔고 누워
낯 익은 길손 마음 설레게 한다.

활짝 핀 그리움 하나
연녹색 풀잎에 살며시 묻고 서서
뿌옇게 떠오르는 달빛 맞는다.

정든 임 기다리는 열아홉 순정
순애보 같은 사랑을 안고
꽃 향 풀어 순수의 눈빛 열어간다.

목련꽃 필 때면

백의민족 혼불처럼
하얀 미소
희망의 기치 높이 들고

담장 한 켠
벌써부터 탐스러운 꽃송이
손 흔들어 사인 보내지만

가슴깊이 솟구치는 애틋한 정
그리움으로 피워
하얀 속살 드러낸 화심

떠도는 구름 흔들어놓고
지나가버린 바람처럼
유유히 거니는 나그네 된다.

사과꽃 향기

드러낸 품새만큼 우련한 꽃빛
곱고 달콤하고
해맑은 얼굴
누굴 위해 그리 붉게 피어나는가.

주렁주렁 가지에 매달고
앙큼상큼 깊은 향기 우려내는데
어느 성화로
임의 속 그리 붉게 태우느냐.

고향꽃 소식

예전에도 지금의 꽃 빛이었다.
마음 살찌울 그 향기였었다.

뒷동산 화산기슭에도
건너편 고성산 언덕배기에도
하얀 찔레꽃 희망가득 담고 있었다.

가시로 중무장한 채 서로 끼어 안고
얽히고설킨 가시덤불 사이
고개 내민 환한 웃음

하얗게 한 아름 터트려
수줍은 미소로 가슴 열게 한
탐스러운 희망의 꽃망울들

선운산 동백꽃

남녘의 갯바람
잔잔한 바다 은빛물결 깔고 누워
분주하게 나부끼는 이른 봄

선운산 겹동백
실연 딛고 선 짝사랑 여인처럼
정렬의 화심으로 치장하고

바알갛게 순수의 가슴 열어
사랑의 메시지 띄우고

수줍은 듯 살며시
옷자락 당겨 얼굴 묻고 서서
나그네 발길 멈춰 서게 한다.

바래봉 철쭉

지리산자락 바래봉 철쭉
붉은 꽃빛 엉금엉금 기어 내려와
닫힌 창문 열라 하고

푸른 내일을 가꾸어 갈
역사의 새싹 틔우고 있는데

고로쇠나무 이파리
숨겨진 아우성이
지리산 골짜기마다 일렁이고

미래 위한 넉넉한 몸짓
불타는 열기로
붉은 웃음 산등성 가득 뿌리고 있다.

깽깽이 풀꽃

깽깽대는 여인처럼 비스듬히 앉아
짧게 뻗은 경근
강해 보이려 해도 실뿌리로 먹고 산다.

밑동에서 총생하는 여러 장
둥근 모양의 홑이파리로 치장하지만
잎이 나오기 전 긴 꽃자루 세워
엷은 자홍색 꽃피우고

실팍하고 단단한 체구 갖추었다며
깽깽거려도
수염뿌리로 삶 이어가고

여덟 개의 수술 있어도
한 개의 암술로
사오월 개화하여 칠월에 넓은 타원형
삭과의 열매 맺는다.

결명자 노란꽃

멀리 북아메리카에서 중국 거쳐
우리 땅에 정착한 귀화식물
호생의 깃꼴 겹잎 달고
두 셋 쌍의 작은 잎 간직했다.

줄기 겨드랑이에 끼워
한 두 송이 노란꽃 피우고
각자 다른 십여 개 수술 가졌어도

긴 기둥 모양의 태반에서 자란
굽고 네모진 마름 꼴 씨앗
한 줄로 늘어서서 질서 지키며
중생의 흐린 눈 밝혀준다.

묶음 둘

달리는 고향열차

기다림 · 4

가벼운 몸짓 떠도는 구름처럼
달리는 한줄기 바람처럼

첩첩산중 오지마을 지나고
가파른 깔딱고개 넘고
깊고 푸른 바다 건너서

유연한 몸짓
환한 웃음으로 찾아오려나.

기다림은 만남을 수반한 기쁨이고
살아 움직이는 자의 희망이며
영원한 사랑의 방정식인 것을

연가 · 5

가을걷이 끝나지 않았어도
쓸쓸함 더해가는 어느 가을날

철새들 하나 둘씩
북녘으로 떠날 채비 서둘고

마을 앞개울에선
물고기 가을을 살찌우는데

어느 임 성화에 못 이겨
무서리 내렸기로 그리도 무성한가.

희붉은 빛으로 피던 도화
지금도 두 볼에 우련한데

냉초 옆에 놓고

추운지방 산지 골라
굳건히 살아가는 다년초 씀위나물
다섯에서 여덟 장의 잎
윤생의 여러 층 형성하고

잎자루 없어도
총생화서로 홍자색 꽃 피워 올라가며
우람하고 부드러운 듯해도
피침형 꽃받침 뾰족하고

넓은 난형으로 삭과의 열매 맺어도
오뉴월 풀쐐기만큼이나
쌀쌀맞고 냉정하지만
잔잔하게 흐르는 정 천하일품인 것을

이사를 앞두고

이삿짐센터의 전문기능사처럼
포장이사의 명사 자부하는 아내

개나리보따리 꾸려 나르기보다
짐 풀어 정리정돈 할 것이
더 버겁다며 원정의 눈빛 일고

살림살이 꾸려온 지 40여 년 동안
13번의 자리바꿈질

생각만 해도 소름끼치고 몸서리난다며
한곳 자리 잡아 정 붙이고
홀가분한 마음으로 여생 보내자 한다.

그리움 · 3

고독 한 움큼 끌어안고 뒤척이다
한껏 펴 올리는 그리움

애태워 불러보고
가슴 졸여 찾아보건만
되돌아오는 것은 한 소절 메아리뿐

반짝이는 밤하늘 별빛처럼
수없이 밀려왔다 밀려가고

싱그러운 꽃향에 취해
사랑 잃고
가슴 아파하는 한 마리 나비처럼

그리움은 한 갈피 접어둔
사랑의 미학인가
가슴 붉게 태우는 화심인 것을

함박눈 내리면 · 1

지난밤에도 그랬었다.
탐스러운 함박눈
구성진 춤사위로 너울거렸다.

허둥지둥 산비탈 기어오르는
토기의 붉은 눈빛

기다리는 사람 없어도
하얀 눈송이 눌러 쓰고
어디론지 뛰어가고 싶어진다.

만남 · 3

서로를 끌어안고 뒤얽혀
바스락거리는 나무이파리처럼
주고받는 분주한 정분

실개천 서로 만나 대천이루고
강물 되어
꿈을 안고 바다로 흘러가듯

만남은 떠도는 구름처럼
바람처럼
모였다가 흩어지고 다시 만나
삶의 두께를 더해 간다.

쌀쌀한 겨울바람
제 몸 녹여 생명의 봄 잉태하고
향기 가득 꽃밭 이루 듯이

만남은 훈훈하고

아름답고
향긋한 사랑의 미학인 것을

떠나지 않는 것은 미련이다

깊고 높은 마음바다 한 가운데
바람개비처럼 맴돌며
떠나지 않는 것은 미련이다.

멀어졌다 다가오고
다시 멀어져가는 그리움

온힘 다해 멀리 보내고 싶지만
메아리처럼
살가운 봄바람 되어

뒤척이다 되돌아 올 것 같은
지난날의 하얀 미소

펴 올리는 한 가닥 희망 안고
못 잊을 사랑 이야기 되어
고운 빛으로 반짝거린다.

촛불을 보며

타오르는 불빛 따라 깊고 넓게
상념에 잠겨보곤 합니다.

어둠 밝히는 횃불을 넘어
스스로 몸을 살라
심지 태우는 거룩한 희생정신

정한수 한 그릇 떠올려놓고
뜨겁게 녹아내리는 촛불처럼
아픔으로 가슴 붉게 태우면서

백배 천배 합장기도 올리시며
소원성취 비시던 어머님
불효자식 그 자리 서 봅니다.

우렁쉥이의 삶을 보며 · 1

우렁도 논두렁 넘는 재주 있다며
우둔한 사람 빗대어
비아냥거리기 일쑤지만

무논에서 살아가는 우렁쉥이
말라 붙인 논바닥 파고들어
생명 유지해 갈 지혜 열어가고

어리광이 유년을 넘어
충만한 장년 열심히 살면서
뱃속 살 갉아 먹여 자식 성장시키고

한 생 마감하며
빈껍데기로 남아 물에 떠다니다가
흑 속에 묻히지만

모성애의 보람과 긍지 간직하고
꿋꿋하게 살아가고 있으니

달리는 고향 열차 ·1

연발착이 당연한 것처럼
고질화 되고
관념화 되어있던 오육십 년대

호남선 전라선 장항선 완행열차
만남의 한 마당되어
풍성한 장터인심 열리고

익힌 달걀 한두 개로도
흐르는 시간 속에 정분 도타와 졌다.

선반 위에 올라 눕고
의자 사이 끼어 앉고
문틀에 매달린 채 열차 달려가도

네오 내오 구분 없고
주고받는 대화 속에 인정 넘치고
추억의 향기 그윽했으니

겨울 연가

날아가지 못한 철새 한 마리
빈 둥지 곁에 앉아

젖은 겨울 깃털 어루만지며
싸늘한 산그늘에 갇혀 웅크린 채

한 밤의 살풀이로
고독 흔들어 달래고 있다.

고뇌에서 벗어나고자
수천수만 번 퍼덕였을 힘겨운 몸짓
내 곁을 맴돌며

흩날리는 눈보라처럼
허 공중 날며 춤추는 너울자락

한 줄기 추억 되어
파닥거리는 그리움인데

순수의 눈빛 그리워 떠나지 못하고
뜨거운 가슴 열라 한다.

의암사를 찾아서 · 1

장수고을 장안산 덕산계곡
사두봉 기슭
8km에 걸쳐 펼쳐진 원시림 터널
맑은 물 쏟아내려 용소 이루고

즐비한 기암괴석 울창한 숲
동쪽 능선의 억새평원
조화롭게 무릉도원 이루고

가경의 정기 이어받아
국난 극복의 의인 주논개 낳았으니

묶음 셋

오솔길을 걸으며

가을 풍경 속으로

어느 화백이 물감 풀어
이처럼 곱게 그려 놓았는가.

활기 넘치고 짙푸른 젊음의 발산
내일의 알찬 삶 열어 가는데

빗줄기 등에 업고
바위 난간 넘어온 바람

꽃구름 몰고 와
굵은 장대비 뿌리고 지나간 뒤
결실 재촉하는 따가운 햇살

불타는 정렬의 가슴 열고
한 폭의 고운 풍경화 그린다.

삶의 여백을 위하여

하루 종일 동당거리며 이곳저곳 서성이다
어둠 짙어오면 앞산 그림자처럼
힘없이 쓰러져 눕기도 하고
때로는 복잡 미묘한 사회현실 극복하고자
환한 웃음으로 세상 움켜쥔다.

날아 갈 듯 당당하게 위세 부려보지만
시련의 얼룩 깔고 누워
자신을 뒤돌아볼 여유조차 망각하고

방랑자처럼
숨 돌릴 사이 없이 분주한 운명의 시간들
한 자락 여백이라도 비워 놓고
삶을 정돈해야 한다.
후회 없는 자아自我의 재발견을 위하여

어느 무덤가에서

이별 연습이라도 하는 양
지그시 눈 감고
이름 모를 무덤가에 기대어 눕는다.

깊은 심회 헤아려 볼 겨를도 없이
헐떡이는 숨 고르며
손발 가지런히 모으고
그날의 모습 스스로 그려본다.

째깍 째깍
임종시간 왔음을 예고라도 하는 것처럼
짓누르는 육중한 어둠의 그림자

시공을 초월한 주인공 되어
봇물처럼 쏟아내릴 통곡소리 움켜쥐고
뜨거운 참회의 눈물 닦아낸다.

세월의 강 건너며 · 1

굽이굽이 풀어 가야할 길고도 짧은 여정
기뻐도 슬퍼도
즐거워도 괴로워도
세월의 강은 유유히 흐르고 있다.

나뒹구는 낙엽
환희의 눈빛
새벽녘 반짝이는 북두성처럼
침묵의 손수건 흔들어 이별을 예고해도

삶의 곡선 맴돌며
한 발 또 한 발
긴 여로 달리고 있다.
영원히 돌아 올 수 없는 다리를 향해

등대지기처럼

칙칙하고 어두운 밤 가르고
반짝반짝 샛별처럼
망망대해 헤매는 뱃길 밝혀주고

밀려왔다 밀려가는 쓸쓸한 파도처럼
넓은 해원 헤매다 길을 잃고
외롭게 떠도는 조각배 나침반 되어

짙푸른 바다 저 멀리
출렁이는 갈매기 날개 짓처럼
번지는 물빛 메아리

깊고 넓은 바다만큼
곱고 아름다운 등대지기의 마음씨
영원히 꺼지지 않는 등대이고 싶다.

내 여정은 어디쯤에

하루 한 시간도 쉬지 않고
달리는 바람처럼

햇살 한 자락 끌어 당겨
해면 가득 깔아 놓고
가쁘게 달리는 인생여정

바다의 생물들
짙어오는 봄빛 물기둥 안고
동면 풀어가고

때까치 짖어대는 외마디 소리에
푸나무들 봄을 깨워
꽃눈 틔워 간다.

숫한 만남과 이별을 안고
닫혔던 추억 되 살아 나는데
내 여정은 지금 어디쯤에

가을 사색

열아홉 소녀 두 볼처럼
대춧빛 알알이 붉어 오르고

가을바람 한 자락 깔고
분주한 계절 앞에 누워
높푸른 하늘 꽃구름 손짓한다.

반짝이는 별무리
스산한 밤하늘 창공 수놓아
웃음 가득 가을의 길 열고

저 멀리 산기슭 콩밭머리
콩깍지 가르고 쪼아대는 꿩무리
뛰쳐나온 콩알 줍기 바쁘다.

저물어 가는 가을 햇살
겨울을 잉태하고 있었다.

한 그루 고목처럼

삭은 뼈마디 군데군데 찢기고
살점 떨어져 조각난 고목 한 그루

애 띠고 젊은 시절
왕성하던 삶 잠재우고

괴로움도 슬픔도 잊고
세월의 한 삭히면서 살아온 지혜

쌓인 연륜만큼
진지하게 피워내는 태 고운 얼굴

아름다운 꽃 향 안고
한 그루 고목 같은 삶이고 싶다.

사진 이야기

육남매 한 자리 모여 앉아
운명을 눈앞에 둔
아버지 영정사진을 고르고 있다.

조금씩 다른 6장의 사진
바닥에 펼쳐 놓고
장남 유식이 먼저 말을 꺼낸다.

아버진 곧 운명 하실 것 같으니
이 여섯 장 사진 중 가장 좋은 놈
한 장씩 골라 내 보렴.

막내 여동생 유순이 먼저
사진 한 장 손에 쥐어들며
내 보기엔 이놈이 제일 좋을 것 같네요

옆에서 지켜보시던 어머니
또 다른 사진 한 장을 추켜들며

애들아 내 보기엔
그 놈보다 이놈이 더 좋아 보이는 걸

너희 아버지에 대해서
나만큼 아는 사람이 없을 거라며
자신감 넘치는 어머니의 선택

손에 들고 있던 사진을 다시 제시하며
막내가 들고 있는 놈 보다
내가 택한 이놈이 훨씬 좋지 않니

육남매 모두 눈치를 살피며
이놈도 좋고 저 놈도 좋지만
어머님이 택한 놈이 가장 좋은 걸요.

내일을 가꾸며

I

엉키고 설긴 옭 맺힌 매듭
풀어가는 두견의 마음처럼
가슴으로 열어가는 세상만사

하루살이와 천년거북
한 평생의 진수眞髓
시간으로 견주랴만

각고의 시련 딛고
노력 끝에 얻어진 진주
값진 것이라 했으니

깊이 파고드는 · 사유思惟
가을의 정취 느끼면서

새롭게 마음 가다듬어
알찬 내일 가꾸어 가자

II

탐욕적 이기주의 편견 벗어난
해탈의 경지 일구며

숲도 나무도 새도
함께 보는 지혜 터득하고

다가오는 21세기
국제화 정보화 시대 열어가자

오색무지개를 보며

깊은 산기슭 물맑은 옹달샘
화사한 햇살 안고
곱게 피어나는 오색 무지개

타원형 아취 부드럽게 그리며
수증기를 펴 올리고 있다.

같은 우물에서 피어올랐어도
조금씩 색다른 다섯 갈래
한데 어우러져 조화롭구나.

오솔길 걸으며

화사花蛇 한 마리 몸을 뒤틀며
꿈틀거리고 있다.

이른 봄 새 샀들 굳은 패각 가르고
수줍은 미소로 춤추며

울긋불긋 향기 풀어 대지적시면
오월 하늘엔 생기가 돈다.

파란 물감 풀어
삶을 덧칠하고 있는데
귀뚜라미 서둘러 가을을 노래하고

동장군 몰고 올 북녘의 하얀 설원
나풀나풀 무도회 열면

내 고향 오솔길 거닐던 추억
갈피갈피 피어오른다.

묶음 넷

개구리는 울지 않는다

부평초의 삶 · I

실개천 냇물 되어
강으로 바다로 유유히 흘러들어
웅장한 위용 이루어도

네다 내다 패거리지어
싸우지 않고
서로 감싸 안아 하나 되고

물길 따라 이리 저리
떠돌아다니는 부평초
뿌리내리고 사는 곳이 내 고향

어디서 와서
어디로 가려는지 묻질 않고
시샘의 눈빛 보이지 않는다.

불개미의 철학

어떤 척도나 계량으로
측정할 수 없는 근면 성실함

주어진 환경에 절대 순응하며
다과를 불문하고
탓함 없이 열심히 살아간다.

호사함도 모르고
일 년 열두 달 쉼 없이
스스로 운명을 개척하고

부단한 노력으로 현재를 가꾸며
미래 열어가는 불개미 철학

겨우살이의 삶

참나무 팽나무 물오리나무 밤나무 자작나무
남의 몸 빌어
텃밭 일구어 살아가는 상록 기생 관목

차상으로 갈라진 가지
다육질 타원형 대생의 잎 밋밋하게 달고
꽃은 암수딴그루 가지 끝에서 만개한다.

접시처럼 예쁜 작은 포
암술대 없이
네 갈래 종모양의 화피 갖고

시월에 연노란색 한 개의 둥근 씨앗 맺고
의연한 자태로 살아간다.

누리장나무는 누리다

개똥나무 구리대나무 누리개나무
누룬나무 개나무 누리장나무
그 이름만큼 냄새 고약하구나.

우리나라 중남부이남
산곡이나 바닷가 비옥한 곳에서
살아가는 낙엽 교목

대생 삼각 상 난형의 잎
양면에 가는 깃털 감싸 안아
알몸 보호하며

흰색의 화관
붉은 꽃받침 양성화서의 줄기 끝에
아름답게 꽃피우고

진남색 둥근 모양 핵과의 열매 맺고
꽃받침에 쌓여 아름답지만

혐오의 냄새로 자신을 지켜간다.

화려한 외출

날마다 땅거미 질 무렵이면
어김없는 화려한 외출

골목길 훤히 밝혀 주던 가로등
하나 둘 밤을 재촉하며 깜빡거려도

새벽별 반짝이는 분주한 틈새
비집고 돌아오는 희미한 그림자

깡마른 돌쇠아내 붉은 입술에도
촉촉하고 끈적이는 정 있으려나.

달빛에 젖은 새벽이슬
흐느껴 울고 있는데
아직도 그는 돌아오질 않았다.

북녘땅을 바라보며

백두에서 한라까지 순한 날개 짓
긴 세월 날다가
죽지를 부러뜨리고
나뒹굴어 헤매다가
산 지렁이처럼
굼벵이처럼 꿈틀거리다 멈추어 선
그 아래로 강물이 흐르고
위로는 뼈저린
역사의 소용돌이 속에서 맴돌며
산꼭대기에서 계곡 깊숙이까지
오르내리다
우뚝 멈춰 서서
맑고 고운 숨결로
우리함께 남북의 창 열어야 한다.

흔들리는 것들

앞산에 뿌리내리고
육중한 체구로 서 있는 소나무
힘없이 흔들리고

뒷산 깊은 계곡
곱게 피어오르는 오색무지개
빛깔이 흔들리고

영 넘고
바다 건너
유유히 흐르는 꽃구름이 흔들리고

백주에 대로 달리는 차량 행렬
차창이 쉴 사이 없이 흔들리고

자연 풍광도
인간의 마음도 제각기 흔들린다.

허수아비의 일상

낮에는 햇살 껴안고
밤에는 달그림자 밟고 서서

자신을 다스리지 못한 위인 되어
하루 이틀 세월만 깨물고 있다.

등이 시리거나 따가워도
한 움큼 고독 되씹으며

옴짝 못하고 제자리 지키면서
한 생을 누더기로 살아간다.

풍성하고 빼곡하던 가을 들녘
내어 주고 허허로워도

촉촉이 내리는 가을비로
빈 가슴 쓸어내리고

다가올 융성한 그날을 위해
가볍게 한 생을 살아간다.

빈집, 빈자리

최근 농촌에는 사람이 살지 않고
버려진 빈집들이 눈에 띈다.

지나가며 보기만 해도 무섭고
흉가 같은 불길한 예감이 들어
소름이 끼치기도 한다.

평소에 좀 일찍 귀가해서
가족들이 보이지 않으면 괜 시리
쓸쓸하고 고독한 느낌이 든다.

그때마다 왠지
밖으로 뛰쳐나가고 싶어진다.

마음 채워지지 않고
허전하고 적막감이 감도는 것은
어느 한 자리가 비어있기 때문인가.

생명의 신호등

하루 종일 제자리에 서서
눈을 감았다 떴다
파랑 노랑 바알간 생명의 눈동자

가시오, 서시오
밤낮 없이 길거리 지키고 있는데
고마움의 인사는커녕

찰칵찰칵 사진 찍어대도
반복되는 위반행위
낯 뜨거운 것은 신호등뿐이네

개구리는 울지 않는다

개구리는 울지 않는다.
눈물을 보이지 않으므로 울지 않는다.

개굴 개굴 개굴
꽥 꽥 꽥
봄이 오는 길목에서 축제 한 마당

이중창 삼중창 오중창
맑고 경쾌한 화합 위한 합창이며
즐거운 화평의 노래다.

개굴 개굴 개굴
꽥 꽥 꽥
환경 지키는 대 연합의 파수꾼
개구리는 슬프지 않으므로 울지 않는다.

법수 놀이

솔깃하고 달 보래한 붙임성
촘촘히 엮어낸 그물에 가두어진
한 마리 물고기처럼
수단방법 가리지 않고 훑어 내린다.

탐욕에 눈멀고
물정모르는 망둥이처럼 날뛰다
달관한 법수 쟁이 작은 먹이사슬에도
옴짝 못하고

검은 밤 깊은 상처 안고
절며, 절며 바위 난간 기어오르다
벼랑 끝에 서서
나락奈落을 기다리는 허황한 망상들

묶음다섯

억새꽃 축제

가고 싶은 청량산 · 1

오밀조밀 한 듯해도 우람하고
아름답고 수려한 산세

점선의 뚜렷한 각선미
날카로운 등곡登谷
누구의 손으로 빚어 놓았는가.

깎아 세운 것처럼 우뚝 선 열두 봉우리
늘어선 열두 대臺 여덟 개굴窟
한국 3대 기암명산의 하나 이루고

사계절 색다른 모습 자랑하는 절묘함
해발 870.4m의 유서 깊은 청량산

가파른 산 중턱
맑게 흐르는 물빛 따라
원효대사 창건한 청량사 매달고 서있다.

가고 싶은 청량산 · 2

무아경지에 오른 의상대사
의상굴에서 불심 열어 득도 하였고
신라 명필 김 생
김생 굴에서 꿈 키우며 서도 닦아 필력 얻었다

최치원 선생 고운대 총명 수마시며
위국충절 깨웠고
퇴계 이황의 큰 학문 훌륭한 인품처럼
오산당 위풍 당당히 서 있다

축륭봉 길섭에 자리한 얼음 굴, 공주약수
홍건적 난 피하려고
잠시 머물던 공양왕의 광감정
공민왕당 청량산성 아무 말 없어도

선인들의 숱한 역사의 발자취
활기 넘치게 살아 숨 쉬고 있음을 본다.

억새꽃 축제

산토끼 다람쥐 분주한 몸놀림 따라
가을은 깊어가고
신불산 억새꽃 춤 새 활기 넘친다.

산등성에서 열리는 축제 한마당
하얀 너울자락
제 몸 흔들어 무도회 열고

억새풀 젊은 시절의 추억
강한 의지의 삶 노래하고 있다.

잔잔한 호수처럼 맑고 짙푸른 하늘
꽃구름 두 둥실
산봉 감싸 안고 유유히 흐르고

바스락바스락 즐거운 가락에 맞추어
춤추고 노래하며
억새꽃 향연 고조되어 간다.

월악산을 다녀와서

신라 마지막 임금의 딸 덕주공주
나라 잃은 슬픔 달래기 위해
세웠다는 덕주사 지나서

얼음처럼 시원한 송계계곡
맑은 물로 마음 씻어 침잠하며

월악산 영봉을 비롯한 송계 8경
자연대 월광폭포 학소대 망포대
수경대 와룡대 팔랑소 비경 보고

피부병 신경통 부인병 위장병에 특효라는
53℃의 수온 8.3의 산도 약 알카리성
수안보 온천에서 쌓인 피로 푼다.

천성산에 가면

Ⅰ.

긴 세월 넘쳐흐르는 맑은 담소
기암괴석 울창한 숲 삼위일체 되어
산자수명의 절경 이룬 천하명산

원효대사 89암자 지어놓고
천명 대중 득도케 하여 이름 한
유서 깊은 천성산

계곡 거슬러 6km 쯤 오르면
신라 선덕여왕 때 창건했다는 고찰
내원사 옛 정취 가득하다.

II.

능선 따라 이어지는 원효산
정상 가까이에 오밀조밀 자리한 원효암
물맛 일품이고

의연히 우뚝 솟은 원효바위
득도의 빛 선명하고
즐비하게 늘어선 억새평원 조화롭다.

암벽타고 흐르는 홍유폭포 물보라
영롱한 오색 무지개 되어
지나는 나그네 발길 멈추게 한다.

관악산 벤치에서

후줄근히 비지땀 흘리며
기어오르는 가파른 고개 넘어
정상 정복하는 성취감

계곡 가로질러 산등성에 오른 바람도
숲 사이 비집고 고개 내민 햇살도
이곳을 스쳐 지나갔으려니

헐떡이는 숨 고르고
마주 앉아 옛 정취 되새기며
안식의 지평 열어가는 쉼터

숱한 만남과 이별
교차의 공간을 넘어
한 폭의 고운 풍경화로 걸려있다.

낙산사 산불을 보며

매년 되풀이 되는 인재人災
작은 실수로도 큰 재앙 불러 오고

가난을 볼모로 남의 것 훔쳐내어
목구멍 풀칠하고
알몸 감싸는 파렴치보다도
못하지 않은 과오

갖은 기만으로 이웃 등치고
갈취하는 사기꾼보다
더 못할게 없는 방화범

오랜 세월 애써 가꿔 온 산림山林
값진 문화유산
순식간에 잿더미 만들고

먹지도 쓰지도 못하고
소모된 막대한 재산과 인력

무고히 앗아간 생명을 보며

국토를 폐허로 만든 예견된 범죄행위
안전 불감증 치유할 처방 내리고
엄벌의 수위 높여야할 것을

설악산 새벽산행

한계령 넘어 오색약수 마을 새벽 4시
고요 깨고 술렁거리기 시작한다.

바스락거리는 나무이파리 틈새 비집고
도깨비 불방망이처럼 반짝거리는 손전등

도란도란 흐르는 개울물 소리
짜박짜박 발걸음
한데 어울려 화음을 이루고

능선 따라 달려온 바람 한 자락 깔고 앉아
파닥거리는 산새들의 깃 치는 소리

새벽이슬 머금고
갈증 풀어가는 풀잎의 달콤한 밀어로
새벽은 활기차게 열려오고
대청봉은 눈앞에 다가선다.

가파른 비탈길 꿈틀거리는 능선 따라
귀가길 서두르면
어느새 하루해가 무너져 내린다.

유명산을 오르며

우거진 전나무 숲 사이 헤치고
굽이굽이 산기슭 돌아
펼쳐진 순환도로 따라 오르면

속살 드러낸 빼어난 계곡미
웅장하고 가파른 산세 자랑하며

즐비하게 서 있는 바위들
풍부한 수량
맑은 물 흘러내리고

입구지 계곡의 크고 작은 담소
해발 866m의 마유산 정상
넓은 평원 절경 이룬다.

재인 폭포에서

한탄강 서쪽 깊숙이 숨어들어
자리 잡은 재인 폭포
해발 877.2m의 지장봉에서 발원하여
용암대지 협곡을 뚫고

국내 최고의 기록 자랑하며
이끼 낀 검푸른 석벽 타고
쏟아 내리는 18m의 폭포수
웅장하고 아름답기 그지없다.

옛날 줄타기 잘하는 한 재인
천하절색의 아내 맞아 살아감을 본
고을 원님 탐내어 잔치 벌이고

재인에게 줄 타도록 명하고
중간에 줄을 끊어 떨어져 죽게 한 뒤
여인을 강제로 빼앗으려 하였으나

그의 아내 치한 같은 원님의 코
물어뜯고 자결했다하여
이름 붙이게 되었다는 재인 폭포

코물리마을 고물리로 전해 오며
이른 봄부터 늦가을까지
인산인해 이루는 캠핑객들
그들의 넋 기리며 위안의 시선 보낸다.

주왕산 찬가 · 1

깎아지른 듯 웅장하고 거대한 바위들
병풍처럼 높게 솟은 절묘함

신라 때 석병산 주방산이라고
잠시 불리우다
통일 신라 이후 주왕산 되었으니

외주왕 내주왕 월외계곡 주산지계곡
거느리고 서서
주왕산의 구경九景 자랑하며

맑고 깨끗한 물줄기 용소 이루어
4계절 끊임없이 흘러내리고

죽순처럼 우뚝 선 산세
울창한 수림 둘러싸여 조화 이루고
별유천지를 연출한다.

주왕산 찬가 · 2

의상대사 창건한 고찰 대전사
주 왕의 아들 딸
월명대에서 달구경 했다하고

넘어질 듯 솟아오른 급수대
청학 백학 살았다는 학소대
자취 완연하구나.

주왕산 가을단풍 가경이지만
달기약수 신촌약수
철분 많은 탄산수 일품이고

달기폭포 절묘한 물보라
무릉도원이 여기로구나

멀리 동해 넘볼 수 있는 왕거암
험준해도 늠름하고

백련공주의 이름 되새겨
창건했다는 백련암
경건한 자비의 불심 열고

한결같은 주왕산의 오랜 역사
설파하고 있는 듯싶었다.

묶음여섯

스페인 광장에서

콜로세움에서

80년의 긴 세월 걸쳐 완공 거둔
로마의 상징물
검투사와 짐승들 생사 겨루던
거대하고 웅장한 원형 경기장

80여개의 출구
동시에 5만 5천여 명 관광객 유치하였고

최대지름 188m 최소 156m
둘레 527m 높이 57m의 4층 타원형 건물
고대 로마 유적지 중
가장 큰 규모로 버티고 서 있다.

당시 로마인의 생활상
엿볼 수 있는 대표적 흔적을 보며
우리 역사유물도
오래토록 소중히 간직해야 하는 것을

샹제리제 거리에서

아름드리 가로수 아름답게 늘어선
도심 속의 쾌적한 번화가 이루고

에투날 광장
콩코르드 광장
연결하는 넓게 다듬어진 대로

길가 양측에 자리 잡은
유명 카페 레스토랑 브티크
높은 격조 우리를 깨우고 있었다.

개선문을 드나들며

전쟁에서 쾌거한 장수
승리의 깃발 펄럭이며
금의환향 의식 거행하던 상징물

승전의 수훈 세운 나폴레 옹
죽은 뒤 시신으로
영광의 문 통과했고

2차 대전 후 드골 승전 기념 위해
파리 입성 때 행진의식 거행으로
더욱 유명해진 개선문

우리는 승리의 깃발 없이
개선장군 된 것처럼
자유자재로 이 문을 넘나들었다.

몽마르트 언덕

순교자들의 언덕인 몽마르트
로마의 기독교 탄압에서 유래되어
붙여진 의미 깊은 이름

프랑스 근대사의 굴곡
미술사의 흐름 한눈에 볼 수 있는
파란만장한 역사의 현장이다.

참혹했던 보물전쟁의 여파로 건축되어
19세기 말에서 20세기 초
파리미술의 일 번가 역할 담당하였고

광장 한 편에 남아있는 초상화가들
전통카페 작은 골목의 전시장
예술적 향기 느끼게 한다.

카타콤베에서

지하 2.3층에 자리한 좁다란 미로
로마에 산재해 있는
25개소의 크고 작은 카타콤베

그리스도교의
박해 피해 숨어든 지하교회
숨겨둔 무덤

천정과 벽면에 그려 놓은 프레스코화
묻혀 있는 수많은 살신성인

초기 그리스도교 이해 도와줄
소중한 역사의 현장
순례자 발길 끊이지 않는다.

스페인 광장에서

137개의 스페인 계단
트리니타 디몬티 교회
종탑, 오벨리스크가 이채로웠다.

보트 모양의 대리석 분수
베르니니의 아버지 피에트로에 의해
세워진 것으로
바로카시아 분수라 불리우기도 하고

여행자들에게 휴식공간으로 제공되고
만남의 장소로 유명하다.

오드리 헵번과 그레고리 팩이
주연한 영화 '로마의 휴일"로
우리에게 널리 알려져 있다.

베네치아 광장을 거닐며

6개의 주요 도로가 뻗어 있는 베네치아
로마 교통의 중심도시로 각광받고

광장 정면
하얀 웨딩 케이크란 별명을 가진
비토리오 임마누엘 2세 기념하기 위해
마련된 기념관
네오 클래식 양식의 건축물 유명하고

국왕의 기마상 아래
제1차 세계대전 때의 무명전사자 무덤
포플러 광장 남쪽으로 늘어선
코루스거리 하단에 위치해 있었다.

오르세 미술관

기차역을 개조해서 만들었다는 오르세 미술관
교과서적으로만 들어 왔던 명소

사실주의, 인상주의
후기 인상파들의 유명작품 한눈에 볼 수 있는 곳

밀레의 만종, 이삭줍기, 마네의 피리 부는 소녀
쿠르베의 세상의 근원, 고갱의 타이티의 여인들

고르의 오베르 교회 폴세잔의 석류가 있는 정물
외에도 인상파 화가의 명품 진열되어 있었다.

트레비 분수에서

전쟁터에서 잠시 돌아온 목마른 병사
처녀의 안내로 갈증 달래었다하여
이름 붙여진 일명 처녀의 샘

동전 한 번 던지면 로마를 다시 찾고
두 번 던지면 사랑을 이루고
세 번 던지면 사랑과 이별한다면서

소망 이루기 위한 관광객
좁은 틈새 비집고
일렬로 늘어서 차례 기다리고 있다.

포로로마노에서

정치 경제 산업 종교
시민생활의 필요기관
밀집해 있는 로마의 중심지역

로마 제국의 발전과 번영
쇠퇴와 멸망의 실체

2500년간 역사의 무대 되고
사상적 중심이 된 요새지

포럼이라는 어원을 태동한
포로 로마노
실상을 깊이 조명해 본다.

브베에서

중세이후 와인 산업의 중심지로
각광 받고 번영해 온 도시

탐스러운 포도송이
즐비하게 매달려 반짝거리고

잔잔한 레만 호수
알프스의 아름다운 풍경
많은 저명인사들 매료시켰고

호반에 세워진
채플린을 비롯한 유명인사 동상
늘어서서 위용 떨치고

브베는 많은 이들의 사랑받아온
와인 생상지의 대표적 도시

대영박물관을 둘러보며

국가에 기증한 8만 여점
한스슬로운경의 유물을 모체로 문을 연
세계 3대 박물관 중의 하나

영국민들의 소유욕만큼이나
전 세계의 값진 유물
한자리에 모아놓은 역사적 전시장

이집트관, 앗시리아관, 그리이스관
더욱 새롭게 기억에 남는다.

백여 명의 재정지원자 있다하지만
입장료 한 푼 거두지 않고도
깨끗하게 관리 운영되고 있는 것은

성숙한 시민의식 선진 국민성
몸에 가득 배어있기 때문인가.

요크에서의 감회

AD 71년경 유럽 최고의 전성기 누비며
세력 펼치던 고대 로마의 정복자들

원주민 셀틱족 옴쭉 못하게 짓누르고
자기네 삶의 터전으로 삼아 건설한 도시

고대와 중세의 여러 가지 유적
유물들이 즐비하게 남아있는 역사의 현장

조지 6세의 말처럼
요크는 잉글랜드의 파란만장한 역사
고스란히 담고 있는 도시였지만

그들이 남긴 삶의 흔적
원성의 눈빛 하나도 보이지 않았다.

니스는 말한다

지중해 연안의 코트다쥐르
프랑스 남동쪽의 모나코
천사의 만 끼고 있는 세계 제일의 휴양지

여름철에는 영화제가 열리고
바캉스 즐기려는 인파 붐비며

연중 계속되는 온난화 기후
한 겨울에도 관광객 모여드는
천혜의 땅 니스는 말하고 있다.

레만호수가에 앉아서

알프스 빙하 흐르는 원류
론느강 되어
프랑스 감돌아 흐른다.

이탈리아 연결하는 수운의 요충지
로마 시대 군항軍港이었고

중세의 많은 선박
들고 나던 역사 깊은 레만호수

세계의 많은 예술가
왕후와 귀족들 매료 시키고

우아한 유람선
부활한 갈레선
다채로운 크루즈 즐긴다.

| 작품해설 |

심의표 詩의 老莊주의 포에지

- 제 3 시집 『누리장나무는 누리다』를 읽고

이 수 화 | 시인, 문학평론가, 국제펜클럽 한국본부 부이사장

| 작품해설 |

심의표 詩의 老莊주의 포에지

- 제3 시집 『누리장나무는 누리다』를 읽고

이 수 화 | 시인, 문학평론가, 국제펜클럽 한국본부 부이사장

1.

심의표 詩(심의표 시인의 텍스트)를 읽으면 대체로 아름답고 신선하다는 중론이다. 제1시집 『섬은 바다에 누워』나 제 2시집『미완성 풍경화』의 텍스트군群이 추상적인 논리를 따라 설명되지 않고 적절하고 신선한 이미지의 조소성彫塑性에 의해서 형상화돼 있기 때문이다.

독자는 심의표 시의 주제 내용을 파악해 이해하기 전에 피부로 직접 느낀다. 여기에 주제의 심오함, 텍스트의 미감이 자연스럽게 읽는 이의 가슴을, 뇌리를 깊숙히 파고드는 심의표 시만의 독자讀者감수성에 육박하는 특

성이 있는 것이다. 가령 제2시집 『미완성 풍경화』에서 심의표 시가 추구한 순수시(純粹詩:pure poetry) 정신은,

> 심의표 제2시집 『미완성 풍경화』의 표제시 「미완성 풍경화」는 "오색물감 곱게 풀어 놓고/ 점선 하나/ 뚜렷한 구도/ 균형 잡힘도 없이/ 색감의 조화/ 원근 기법/ 고려함 없이/ 그린 그림"이라는 첫 스탠자가 있는데, 이는 후말 1행의 둘째 스탠자에 제시한 "한폭의 미완성 풍경화"를 심의표 詩의 세계상世界像으로 응축해 표상한 것이다. 그의 시세계는 이토록 무애無碍의 경지인 셈이다. 무애, 어디에도 걸림이 없는 삶, 무애의 실천궁행은 불자佛子가 아니어도 속인간俗人間의 바람직한 삶의 태도임에 우리는 심의표 詩가 노래하는 원융무애 정신에 감동한다.

고 나는 평설글에서 심의표 시정신의 전단계前段階를 요약한 바 있었다. 세간에는 시집을 상재할 때, 평설 필자 위촉에 일관성없이 다음 시집에는 다른 필자의 글을 받는 이른바 논다니 스타일이 있거니와, 한 시인의 정신의 총량을 보고자하는 독자들에게 평설자의 일관된 단계별 연구는 바람직한 것이다.

어쨌든 심의표 詩가 제2시집 『미완성 풍경화』에서 거두고 있는 원융무애圓融無碍의 시정신은 이른바 순수시 미학창출에 강고한 토대가 되었다. 그리하여 그는 순수시 2백년의 세계 시문학에 창조적인 적자嫡子의 한 사람

으로 당당히 그 반열에 오르게 된 것이다.

그렇다면 이제 이번 제3시집 『누리장 나무는 누리다』가 추구하는 포에지는 무엇이고 그것은 또 어떻게 형상화되고 있는가를 따져 보노라면 마침내 심의표 詩가 이번 제3시집 기도企圖하는 그의 현단계 시문학의 정신 세계가 자연 드러나게 되리라 본다. 따라서 시 「불개미의 철학」부터 주목해 보아할 터이다.

> 어떤 척도나 계량으로
> 측정할 수 없는 근면 성실함
>
> 주어진 환경에 절대 순응하며
> 다과를 불문하고
> 탓함 없이 열심히 살아간다
>
> 호사함도 모르고
> 일 년 열두 달 쉼 없이
> 스스로 운명을 개척하고
>
> 부단한 노력으로 현재를 가꾸며
> 미래 열어가는 불개미 철학

-「불개미의 철학」 전문

단정한 4연 부분의 전통적 동양시 문법에 의거한 예

시例詩는 또한 시란 뜻을 말한다는 이른바 시언지詩言志의 방법적 측면에 부응하여 전적인 진술체의 어조로 일관하고 있다. 성급히 말해 '불개미의 삶' 에 견주어 인생론적 이상형理想型의 형이상학을 말하고 있는 것이다. 불개미의 삶에서 얻은 지각경험知覺經驗을 이른바 객관적 상관물을 통해 감각화하는 주지적 방법을 내치고는 있으나 감각과 관념을 융합하는 데서 지적知的 시언지詩言志를 지향할 수 있는 형이상학시의 효과를 거두고 있다 하겠다. 즉, 심의표 시인은 예시에서 저러한 방법론에 의거해 불개미를 자연自然으로 보고 그러한 자연 자체가 무위자연無爲自然의 노장사상老莊思想에 근거한 것임을 말하고 있는 것이 예시의 언술 내용이다.

달리 말해 심의표 예시는 '불개미의 철학' 이란 '무위자연의 철학' 즉, 노장사상을 말하는 것으로 그는 이 예시로써 그의 이번 제3시집 『누리장나무는 누리다』가 지향하는 '노장사상' 을 선언하고 있는 것이겠다.

노장사상에 대한 이와 같은 인식은 시에 대한 심의표 시의 어프로치를 드러내주며, 또한 삶에 대한 시인의 태도를 결정해 주는 토대가 된다. 가령,

개구리는 울지 않는다.
눈물을 보이지 않으므로 울지 않는다.

개굴 개굴 개굴

꽥 꽥 꽥
봄이 오는 길목에서 축제 한 마당

이중창 삼중창 오중창
맑고 경쾌한 화합 위한 합창이며
즐거운 화평의 노래다.

개굴 개굴 개굴
꽥 꽥 꽥
환경 지키는 대 연합의 파수꾼
개구리는 슬프지 않으므로 울지 않는다

-「개구리는 울지 않는다」 전문

예시에 보이는 심의표 詩의 노장주의老莊主義포에지 형식과 내용은 절묘한 '역설의 논리逆說的 論理' 위에 서 있다. 텍스트의 외피로만 보았을 때 개구리는 눈물을 보이지 않으므로 (1연) 생물학적인 이 자연自然은 울지 않는다는 것이고, 오히려 봄이 오는 길목의 축제 한 마당이며(2연), 즐거운 화평의 합창(3연), 환경 파수꾼(4연)이라는 것이다. 그러나 이러한 심의표 詩의 노장적老莊的 역설은 독자의 잠든 둔마鈍麻의 사고思考를 놀라게 한다.

허공을 날아가는 화살은 날아가지 않는다. 는 역설과 한가지로 심의표 예시 「개구리는 울지 않는다」는 내포의 역설은 우리가 보통 개구리의 생물학적(자연적) 음성인 '꽥 꽥' 이나 '개굴 개굴' 과 같은 의성어로 표현되는 생태를 '개구리가 운다' 로 인식하는 것을 역설의 의미로 '울지 않는다' 고 하므로써 새로운 진리를 나타내는 바, 극적인 효과를 거두고 있는 것이다. 왜냐, 심의표 詩의 노장주의 포에지는 노장사상인 도가도비상도道可道非常道, 즉 도(道:존재)란 도(道:언어)가 아니다. 존재(개구리라는 존재)는 언어(개구리라는 언어)로 그 본질을 표현할 수 없다는 것이다.

그래서 심의표 詩가 차라리 예시에서 개구리는 울지 않는다고 우리의 상식논리를 뒤엎고 있는 것인데, 이는 노장사상이 말하는 저 도가도비상도道可道非常道의 존재론적 진리의 형상화일 터이다.

또한 심의표 예시의 노장적 역설의 포에지는 제2~3연에서 개구리의 성대적 생태가 축제고 합창이며 화평의 노래라 한 것은, 우리가 대개 고통으로 생각하는 삶을 고통이 아니고 낙樂이며, 지옥같다는 인생을 소요逍遙라고 하는 노장주의 소산이다. 이는 인생이 전락轉落이라 본 플라톤의 인생관, 속죄기간贖罪期間으로 본 기독교 인생관, 업적業積의 고역苦役으로 본 힌두교 인생관, 고행윤희苦行輪喜로 본 불교의 인생관에 비해 노장의 '인생이란, 즐거운 소풍' 이라 본 소요의 인생관은 독창적이며 심오하면서 이천년이나 오래된 삶의 태도이므로 심의표 詩의 노장적 포에지는 충분히 매혹적인 시정신일 터이다.

이와같은 그의 노장사상을 기반으로 한 도道의 존재론. 무위無爲의 인식론. 소요逍遙의 인생관이 유기적인 하나의 시정신으로 형상화의 길을 걷고 있는바가 이번 제3시집 『누리장나무는 누리다』에 어떤 형태의 내용을 빚고 있는가 다음장에서 좀 더 그 세목을 주목해 보기로 한다.

2.

제2시집 『미완성 풍경화』에서 이백년의 세계시문학 순수시(pour poetry)역사상 새로운 이정표를 세웠다고 평가된 심의표 詩는 이제 이 제3시집 『누리장 나무는 누리다』에서는 그의 시정신의 또 하나의 새로운 터닝 포인트에 접어들었는 바 그것은 앞장에서 주목할 만한 텍스트를 통해 상론했듯이 심의표 詩의 노장주의 포에지이다. 우주 자연과 인생을 도道와 무위자연無爲自然의 개념으로 보는 노장사상에 근거해 심의표 詩 예컨데 「개구리는 울지 않는다」상식을 뒤짚는 포에지로 역설의 미학을 형상화하고 있다. 이와같은 그의 노장주의 시정신이 곳곳에 역역히 표상되고 있는 이번 제3시집 『누리장 나무는 누리다』(2006년 도서출판 들꽃 刊行)에는 제1부 「찔레꽃연가」에는 부별部別 메타텍스트 「찔레꽃 연가」 외 「바래봉 철쭉」등 14편이 실리고, 제2부에는 「달리는 고향열차」와 「함박눈 내리고」등 14편, 제3부엔 「오솔길을 걸으며」. 「가을 사색」. 「어느 무덤가에서」. 「등대지기 처럼」등 12편이, 제4부에는 「개구리는 울지 않는다」와 「허수아비의 일상」등 13편, 제5부엔 「억새꽃 축제」등 풍물시 12편, 제6부에는 유럽 기행시 15편이 포진해 있다. 모두 79편의 장강사하長江詞河의 도도한 무위자연無爲自然을 흐르는 심의표 노장주의 시정신에 일엽편주 같은 평설글의 위태로운 티끌 한 잎이나마 띄워가기로 한다.

지난 밤에도 그랬었다.
탐스러운 함박눈
구성진 춤사위로 너울거렸다

허둥지둥 산비탈 기어오르는
토끼의 붉은 눈빛

기다리는 사람 없어도
하얀 눈송이 눌러 쓰고
어디론지 뛰어가고 싶어진다

-「함박눈 내리면 · 1」 전문

예시를 읽으면, 독자도 시인(심의표)처럼 함박눈이 연일 탐스럽게 내리는 (1연 1행에 함의돼 있다)밤, 꼭 누굴 찾아서가 아니라 하얀 눈을 맞으며 어디론가 뛰어가고 싶어진다. 카뮈처럼 인간에게 가장 중요한 문제인 '인생이 의미가 있는가 없는가의 알 수 없는 문제' 가 우리의 무의식 저 깊숙이 떠다니고 있기 때문이다. 그리하여 노장사상老莊思想에서처럼 인간의 불행을 감싸주는 자연(예시의 함박눈 내리는 밤)과 대립해서 자연으로부터 '소외' 되어 언어의 힘으로 문화(문명)이라는 인위 反無爲적 세계를 만들어 그 세계에 속박돼 사는 우리의 자화상自畵像이 바로 심의표 詩의 저 아름다운 언어의 동양화 한 폭인 것이다. 자연, 환경파괴로 금년 여름은 이상고온으로 우리는 너무나 허덕였거니와 심의표詩의 저러한 무위자연(자연을 파괴하지 않고도, 인간관계에 잔꾀를 부리지 않고도)으로 사는 노장주의 포에지는 예시처럼 아름다운 미학을 확보했을 때 우리는 감동하지 않을 수 없을 터이다.

이와같은 심의표 詩의 노장주의 포에지는 이번 제3시집 『누리장 나무는 누리다』에서 노장사상老莊思想의 철학적. 이념적. 종교적 측면에 따라 어떤 모습을 띄는가 이제 그 세목을 해당 텍스트로 분별해 살펴야할 대목이다. 셋으로 대별해 본다

① 우렁도 논두렁도 넘는 재주 있다며
우둔한 사람 빗대어
비아냥거리기 일쑤지만

무논에서 살아가는 우렁쉥이
말라 붙은 논바닥 파고들어
생명 유지해 갈 지혜 열어가고

어리광이 유년을 넘어
충만한 장년 열심히 살면서
뱃속 살 갉아 먹여 자식을 성장시키고

한 생 마감하며
빈껍데기로 남아 물에 떠다니다가
흙 속에 묻히지만

모성애의 보람과 긍지 간직하고
꿋꿋하게 살아가고 있나니

② 이별연습이라도 하는 양
지그시 눈을 감고
이름 모를 무덤가에 기대어 눕는다

깊은 심회 헤아려 볼 겨를도 없이
헐떡이는 숨 고르며
손발 가지런히 모으고
그날의 모습 스스로 그려본다

째깍 째깍
임종시간 왔음을 예고라도 하는 것처럼
짓누르는 육중한 어둠의 그림자

시공을 초월한 주인공 되어
봇물처럼 쏟아내린 통곡소리 움켜쥐고

뜨거운 참회의 눈물 닦아낸다

③ 열아홉 소녀 두 볼처럼
대추빛 알알이 붉어 오르고

가을바람 한 자락 깔고
분주한 계절 앞에 누워
높푸른 하늘 꽃구름 손짓한다.

반짝이는 별무리
스산한 밤하늘 창공 수놓아
웃음 가득 가을의 길 열고

저 멀리 산기슭 콩밭머리
콩깍지 가르고 쪼아대는 꿩무리
뛰쳐나온 콩알 줍기 바쁘다.

저물어 가는 가을 햇살
겨울을 잉태하고 있었다.

예시例詩 ①은 「우렁쉥이 삶을 보며.1」이고, ②는 「어느 무덤가에서」, ③은 「가을 사색」의 각각 전문이다. 먼저 ①부터 살피자면, ①의 이른바 주제의 추상성, 관념성을 물리적 언어, 예컨데 객관적 상관물에 의존 전이된다는 이른바 슈퍼비니언스(supervenience)의 원리가 배제된 100%의 진술체의 시언지 기법으로 총14행, 5연 구분의 기나긴 산문 1행의 미종료 구조지만 언술내용의 강고한 어조는 의심할 바 없는 노장주의에 근거한다. 우선 1연은 약삭빠른 문명인의 반무위 태도의 어리석음을 지적하고, 영아살해마저 발생하는 현대 문명인의 마성을 역으로 고발하고 있다. 감각주의자들에겐 트리비얼리즘이란 혐의가 짙은 저러한 심의표 詩의 노장적 역설의 논리가 바로 예시 ①의 경우가 아닌가한다. ②의 경우, 독자는 심의표 詩의 노장적 심중한 인생관이 발산하는 표에지의 엄숙성에 우선 옷깃을 여미게 된다. 그것은 삶과 죽음에 대한 노장적 심의표 詩의 정신이 저(예시처럼)토록 무위자연적無爲自然的일 수가 있는가 하는 대긍정의 심리 발양에 의한 것이다. 무위無爲야말로 모든 것을 이룩한다는 패러독스는 우리가 근원적으로 어떻게 살아가야 하는가에 대한 해답이다. 인생의 무위적 태도가 아닌 자연과 대립해서 그것을 개조하고, 만사를 욕망대로 억지로 밀어붙여서 재앙에 봉착하지 말고, 자연에 따라 운명에 따라 자연과 더불어 운명을 운명으로서 받아들이는 대상과의 조화 상생하는 무위자연의 삶의 태도가 바로 심의표 예시의 태도가 아닌가 한다. 심의표 詩의 무위자연의 시정신은 저렇게 그의 제2시집에 구현된 원융무애圓融無碍의 큰 불성佛性에 의해 대도무문으로 통하는 길, 바로 그 행동 실천하여(예시 1,2연) 터득하는 무위자연의 포에지 그것인 것이다. 그리하여 예시 ③과 같은 노장적 삶의 태도인 이른바 반인위적反人爲

的 축제祝祭의 삶 시적詩的인 대승大乘의 세계를 소요逍遙하는 맑고 청정한 가을의 삶을 사색할수 있고, 그렇게 실천하는 삶이 가을의 겨울을 잉태(후말 연)하는 의연한 인생관을 우리가 지닐 수 있음을 심의표 詩의 노장주의는 언술하고 있다하겠다.

3.

① 산토끼 다람쥐 분주한 몸놀림 따라 가을은 깊어 가고
억새꽃 춤 새 활기 넘친다
산등성이에 열리는 축제 한마당
하얀 너울자락
제 몸 흔들어 무도회 열고

② 순교자들의 언덕인 몽마르뜨르
로마의 기독교 탄압에서 유래되어
붙여진 의미 깊은 이름

예시 ①은 「억새꽃 축제」의 1~2연이고, ②는 「몽마르뜨 언덕」1연인데 ①로 대표되는 심의표 풍물시와 ②로 엿볼 수 있는 심의표 기행시에는 그의 이번 제3시집 『누리장나무는 누리다』에 수놓아진 노장주의 포에지가 어떤 모습으로 투영돼 있는가를 살피는 데 주요한 텍스트 군群이 된다.

먼저 ①의 경우 정감情感을 토대로 어느 한 공간(지역)

의 자연(계절)을 노래한 것을 문학사적으로 이른바 풍물시風物詩라하는 개념상 심의표의 풍물시로 분류된다. 그의 예시 「억새꽃 축제」등 제5부는 풍물시군風物詩群 12편이 게제되는바, 자연의 아름다움에 대한 시인의 감동이 한 폭 한 폭의 그림처럼 노래돼있다. 이는 자연의 풍물. 즉 시적 대상에 대한 무위자연無爲自然의 노장사상적 태도임이 약여한 것으로 이번 제3시집에 관통하는 심의표 詩의 일관된 포에지의 소산이 분명하다 하겠다. ②와 같은 제6부의 기행시 15편은 문학사상 소위 풍경시風景詩에 해당한다. 객관적 풍경을 되도록 객관적으로 묘사하는 경향과 시인의 의식을 풍경에 대입해서 자의식을 드러내는 경향으로 풍경시는 대별할 수 있는 바, 심의표 기행시는 후자에 기울고 있으며 그때문에 풍경(대상)이 문명적인 기행시인 이 제3시집 6부의 경우 무위자연의 노장사상이 토대한 시정신의 소산이 되고 있음은 1~5부의 심의표 詩와 같은 일관된 노장주의 포에지가 모태임은 예시와 더불어 제6부의 기행시 15편에 편편마다 약여함을 볼 수 있을 터이다.

이제, 제2시집 『미완성 풍경화』에서 거두고 있는 심의표 詩의 순수시(pure poetry) 이백년 역사상 새롭게 시도된 원융무애圓融無碍의 불교적 시정신이 보다 바람직한 한 터닝 포인트로서 무위자연無爲自然의 노장주의 포에지로 승화, 형상화 되고 있는 제3시집 『누리장나무는 누리다』의 시세계 탐험의 닻을 내려야할 계재에 이르렀다.

논지의 시시비비를 무릅쓴채 옥고에 티끌같은 글을 더한 면구스러움을 조금이나마 면피삼아 아니, 진정성의 아름다운 심의표 詩群에서 다시 재독하고 싶은 텍스트 한 편을 독자들과 함께 음미하는 것으로 글가름에 당할까 한다.

깊은 산기슭 물맑은 옹달샘
화사한 햇살을 안고
곱게 피어나는 오색 무지개

타원형 아취 부드럽게 그리며
수증기를 펴 올리고 있다.

같은 우물에서 피어올랐어도
조금씩 색다른 다섯 갈래
한데 어우러져 조화롭구나

-「오색 무지개를 보며」 전문

이천 년 전 이미 반체제에 나섰던 위대한 철학적 레티칼리스트(radcalist 급진주의자)들인 노장사상가老莊思想家들이 깜짝 놀라고도 남을 심의표 詩의 주장주의 시다.

이 한 폭의 유현청정의 아름다운 무위자연無爲自然을 무위자연 그 자체의 언어道로써 수놓고 있는 지락至樂의 미학美學에 그 누구인들 감루(너무 감동해 눈물을 떨구다)치 않으랴 싶다.

- 삼개나루 樹堂軒에서

인지
생략

들꽃시선 83

누리장 나무는 누리다

2006년 12월 4일 초판인쇄
2005년 12월 9일 초판펴냄

지은이/심의표

펴낸이/문창길

펴낸곳/도서출판 들꽃
주　소/100-273 서울 중구 필동3가 28-1 서울캐피탈빌딩 B202호
전　화/(02)2267-6833, 2273-1506
팩　스/(02)2268-7067
출판등록/제5-313호(1992. 5. 15)
E-mail:dlkot108@hanmail.net

값/7,000원
* 파본된 책은 바꾸어　드립니다.

ISBN 89-89607-92-2 04810
ISBN 89-951327-0-1(세트)